DEL VACÍO QUE TE QUIEBRA

Carlos Ramos Gutierrez

Ilustración de portada:
"Otra estúpida bomba en mi rosal" (Fragmento)
Autor: Yunier Gomez Torres

A mi abuela Elbita

Aquí cuando la vida acaba
Ni la imaginación sin freno,
Ni el molino de la mente
Que consume sus andrajos y sus huesos
Dan a saber la verdad.

WILLIAM BUTLER YEATS

DE SER SIN SABER QUIÉN SOY

I

¿Acaso mi infancia vino después de
otra edad mía ya muerta?
(...)
¿Fui yo algo en alguna parte?

SAN AGUSTÍN, CONFESIONES
(LIBRO PRIMERO)

Soy vaga porción de arkhé,
linfa, cuerpo sensitivo...
El triunfo definitivo
¿de la razón o la fe?
¿El eureka de Yahvé?
Especie que involuciona.
El lodo que se estaciona
para al fin volver al lodo
¿y regresar, de algún modo,
en otro tiempo y persona?

Soy el caos encubierto
tras la imagen de una cruz.
Lid entre sombras y luz,
equivocación y acierto.
Tal vez el aciago injerto
de un delincuente en un cura,
o la gótica escultura
de iceberg; alma de sol...
Triste aroma de formol
que el cielo alcanzar procura.

Soy, y escojo mi camino
como sujeto consciente
¿o un narrador omnisciente
juega al póker mi destino?

¿Sabrá acaso un adivino
en qué cronotopo estoy,
hacia qué galaxia voy
o qué seré en otro cuento…?
Y tras la frente el tormento
de ser sin saber quién soy.

II

Entonces Jehová formó al hombre del polvo
de la tierra, y sopló en su nariz aliento de vida...

LA BIBLIA. GÉNESIS 2: 7

No soy linfa y osamenta,
soy barro y aire.

Ni pez, ni mico,
ni célula...
barro con aire.

Pude ser luz, mas soy barro;
pude ser Golem... soy aire.

Cuando vaya hacia la Meca
presto a transfigurarme,
no me extingo,
simplemente
vuelvo al barro; vuelo al aire.

III

Incertidumbre del ser:
laberinto, líneas rotas,
visión de alguna remota
tierra que no podré ver.
Canciones de Lucifer
o voz de Alá ¿quién me guía?
¿Cuándo ganar la porfía
será al fin mi derrotero?
¿Dónde llegaré el primero?
¿Cuánto esperar todavía?

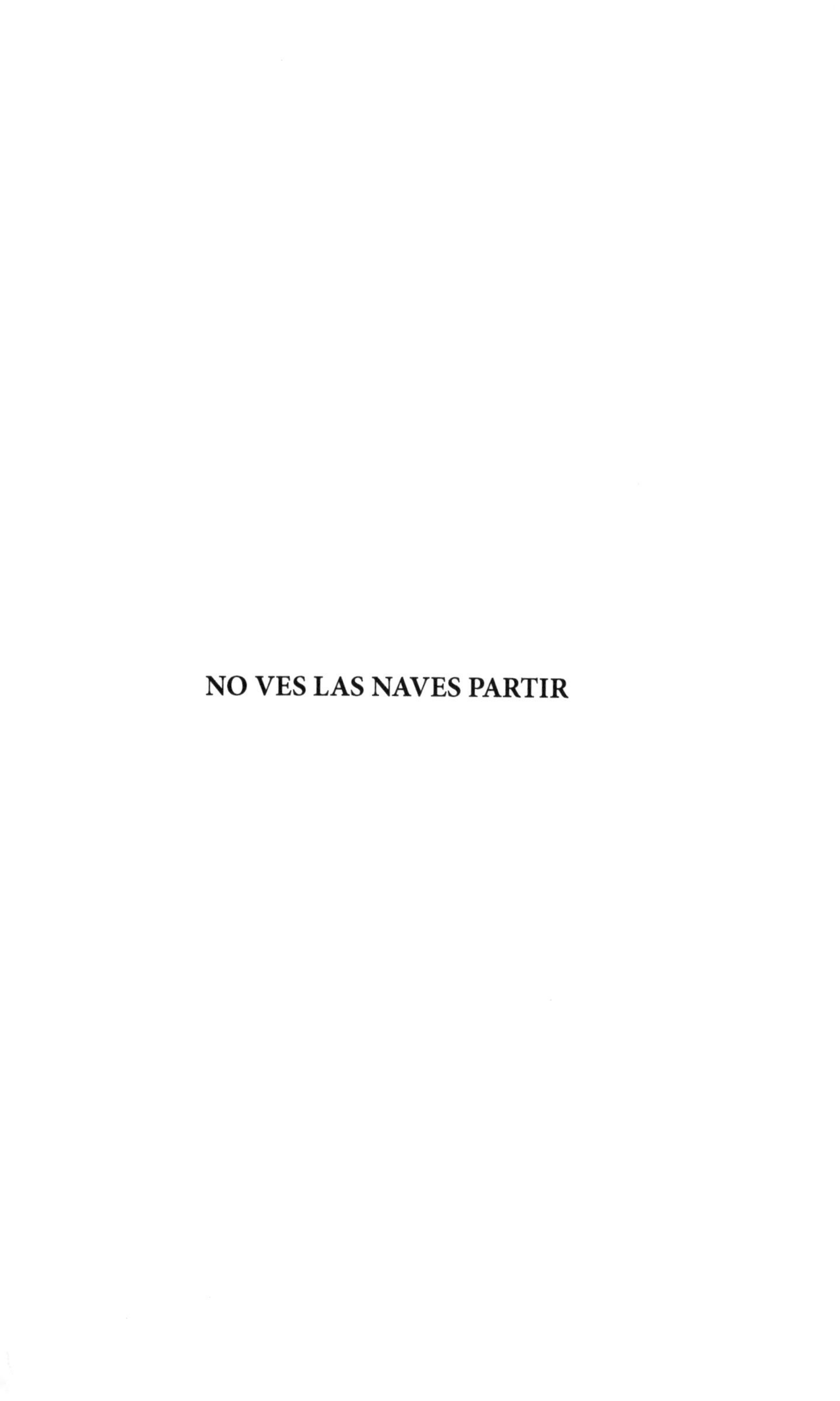

NO VES LAS NAVES PARTIR

I

EMBARQUE A KYTHERA

Con rumbo a Citerea los botes zarpan,
con aire de fandango, viento en popa,
la *city* prometida leche fluye
y miel, que me bauticen en Sevilla

y en santo venia tenga mi epitafio;
que no mi desnudez vistan de rojo,
que no mi soledad colmen tus mares.
Galopo sobre encabritadas nubes,

la tarde era el vergel donde jugaba
un niño que era yo, la tarde era
concierto de domingo y zanahorias;

la noche es el silencio donde vago:
mi sino el de Moisés, y mi velero
por tus mares sin sal, rojas las velas.

II

JINAGUAYABO

Playa que nunca lo fue,
restos de algún viejo muelle,
ciudad de mangles y olor
a vida que se malogra.

Por la orilla los cangrejos
apareándose, las nubes
nada tienen que decir.
A lo lejos, pescadores

con sus morrales vacíos.
Un sol cansado que nada
puede quemar; nada crece
en el mar de los inopes.

Y cuando nadie me vio
desnudo bajo sus olas
fui más feliz que en las bellas
playas de tantas revistas.

III

¿NO VES LAS NAVES PARTIR?

¿No ves las naves partir?
¿No escuchas llegar del puerto
los gritos desconsolados
de la amante que se queda,
de la madre que se queda
de este lado del mar?
¿No has visto en noches sin luna
las lucecitas calladas
de las naves cuando parten?

¿No ves las naves volver
hechas jirones, astillas
que recalan en la costa?
¿No escuchas llegar del puerto
el silencio quejumbroso
de las naves que regresan
sin noticias del amante
o del hijo que partió?
¿No has visto en noches sin luna
fuegos fatuos sobre el mar?

UNA MELODÍA TRISTE

I

Pobre abuela
que te fuiste
temprano
aquella tarde
mientras yo jugaba fútbol,
dejándome por herencia
la manzanilla del patio.
Se secó,
cuando te fuiste,
la manzanilla.
Ya nadie prepara cocimientos
para aliviar mi gastritis;
ya nadie me escucha cuando lloro,
o cuando en las noches sueño
con los angelitos desdentados,
sin aureola.
Déjame,
otra vez bajo tu saya,
esconderme del lobo y de la bruja.
Vuélveme a decir que soy el niño
más lindo
del vecindario.
El niño más lindo del mundo,
nuestro mundo,
que también se secó cuando te fuiste
sin darme la receta
del cocimiento,
sin dejarme tus conjuros
contra la lengua del lobo
y los dientes de la bruja.

II

Madre manda a buscar pan
y a mi regreso
- con zanahorias y ajíes -
sigue llorando.

Madre no ha leído a Baudelaire,
no sabe quién es Fidelio Ponce,
no puede imaginarse que las flores del mal,
y las beatas,
y la tuberculosis
habitan también su llanto.

III

Elbita tiene en sus ojos
una melodía triste,
y hay una arruga que embiste
sus labios ya no tan rojos.
¡Ha puesto tanto cerrojos
a su alma de gaviota!
Y ha renunciado a su cuota
de sueños y vanidades,
y olvidó muchas ciudades
porque su esfera está rota.

No ha vuelto a tocar el piano
ni cuida ya sus claveles,
ya no galopan corceles
en su pecho. Ya sus manos
no tejen cuentos de enanos
y princesas. Desteñidos
en su tapiz, se han dormido
los centauros y dragones;
llorando están sus bufones,
y su ejército rendido.

Si mi verso consiguiera
despertar sus maremotos,
restaurar su espejo roto
y reavivar sus hogueras.
Si con mis versos pudiera
una romántica cita
arreglarle, o una ermita
erigirle. Si a nacer
volviera, para encender
luz en los ojos de Elbita.

ANTAÑO REINO TUVE, HOY YA SOLO

I

APOLOGÍA

A Fepo

Apolo soy, sin arcos ni laureles,
oráculo sin voz; intermitencia
de luces estampadas: sacra ciencia
que descuerna mis míticos corceles.

Sinergia de hipocampos y escabeles,
imperio del argot y la apariencia,
cosméticos, hollín, efervescencia…
Pobre casa sin sangre en los dinteles

donde lloran mis musas sus dolores.
Antaño reino tuve, hoy ya solo
me queda mi jardín sin cundiamores.

Apolo soy jugando a los balines
con astros de oropel, y soy Apolo
sin Dafne, sin arpas ni delfines.

II

A Maricela

Me robaron un verso joven entre
gris y marrón, un verso a contraluz
y lloré cual María ante la cruz
lloraba por el higo de su vientre.
Acaso en tres mañanas me lo encuentre
predicando a las sombras sus sermones,
y crean los judíos y mormones
su argéntea verdad; voz exultante.
Acaso en tres mañanas se levante
mi verso, y redima las naciones.

III

A Lumey

Abandoné mis ovejas
para apacentar tranvías;
por dorados helicópteros
mis abejas desprecié.

Deslumbrado por el brillo
de las naves espaciales
dejé de cazar cocuyos...
Ahora vivo en la luna

-glacial, insípida, umbría-
y por las tardes me invade
esta añoranza

de lana,
de miel
y bioluminiscencia.

BALADA DE DESAMOR
A UNA BELLA CAMPESINA

I

Campesina feliz
que mi beso procuras:
hay en mi verso
todo el smog
de la gran ciudad.
Tras una montaña roja
se ha ido a dormir tu sol;
mi luna
no sé si es llena aún
o cuarto menguante:
hoy no me la deja ver
un nuevo rascacielos.
Mi noche tiene luces
de halógeno y neón;
tiene luces tu noche:
estrellas y cocuyos.
La ciudad es tan vacía
(tan llena de tanta gente
tan vacía).
Y no es la alarma
de mi celular
más precisa que tus gallos.

II

Campesina feliz
que en mis ojos confías:
haz de saber que estos ojos
han mirado la maldad,
y ansiado bajo las sedas
las curvas de señoritas
elegantes y vacías.
Tus rústicas maneras

- de ensayos libres
y ceremonia -
desmentirían tal vez
la hipócrita postura
de mi esmoquin.
Y no podrás encontrar
en mis Mercedes-Benz
la gracia de los corceles
que tiran de tu carreta.

III

Campesina feliz
que mis manos añoras:
no son puras estas manos,
no lograron superar
la prueba de las monedas;
sucias están
de armas y malabares.

Ahora tras la montaña
está saliendo tu sol,
cantan tus gallos
y ya no quiero escuchar
la alarma de mis relojes,
no me quiero despertar...
La ciudad es tan vacía
(tan llena de tanta gente
tan vacía).
Y no bastarán tus ríos,
tus gallos y tus montañas,
ni tus mágicos cocuyos
para salvar a mis versos,
a mis ojos
y mis manos.

LOS SUEÑOS DE FARAÓN

I

...y les contó Faraón sus sueños,
mas no había quien los pudiese interpretar...

LA BIBLIA. GÉNESIS 41: 8

En la rivera del salado Nilo
era porquero yo,
vivía en un palacio ecléctico:
cariátides canijas
y puertas de metal.
El oro de mis bolsas
lo llevaba en las muelas,
y en mis piaras
los cerdos tenues se comían
a los cerdos rutilantes.

II

En la rivera del salado Nilo,
era yo pescador:
un castillo pendía de mi anzuelo...
Y entre mis redes
los peces desvaídos se comían
a los peces luminosos.

ALZA SU VOZ EN LAS PLAZAS

I

Ahora soy la lechuza
que intimida a los mortales con su canto
y sueña
mientras el sol
atalaya sobre el domo de la vieja catedral.

Sofía clama en las calles,
*alza su voz en las plazas...**
Quien pudiera haber visto con sus ojos,
como he visto yo,
huiría también de la piara uniforme,
odiaría tanta luz,
y hastiado ya el paladar de sabores comunes,
celebraría festín a solas,
con las vísceras,
los sesos...
del humilde ratón.

* LA BIBLIA. PROVERBIOS 1: 20

II

Un señor vende mandarinas
a tres por cinco pesos.
Se le ha escapado a Emil Nolde
de su Santa María Egipciaca
y conoció a la camarera de Otto Dix:
siete anunciaciones en diez noches
de corte Antonia Eiris.

III

Un señor vende mandarinas
con involuntario fetichismo:
- ¡Las más grandes y las más dulces!
Su sal no alcanza ni para dos chotos…

IV

Un señor vende mandarinas
a tres por cinco pesos…

Un niño rubio le compra.

V

Voy a llorar al mar.

VI

Los obreros permanecen en la brega,
el político amaña su diatriba,
una mujer acaba de ser madre,
dos chicos se besan en una plaza…
Yo estoy llorando frente al mar,
y los obreros,
el político,
la madre,
su hijo,
los chicos que se besan…

VII

Mis lágrimas son langostas
con cola de escorpión.
Se evaporan, condensan, precipitan:
son a la vez granizo y fuego.
Son sangre:
ríos de sangre para la sed.
Cada una de ellas será un tsunami.

VIII

Contienden contra mí Gog y Magog,
la gran Babilonia,
siete reyes…

IX

Yo estoy llorando frente al mar,
conmovidos los astros
caen para gemir conmigo;
lágrimas llueven:
granizo, fuego y sangre que sepultan
a los hombres…
y sus obras.

ALGO EN MI PECHO SE AGITA

I

Y yo cerca de ti,
con el vino en la mano
ni bebí, ni besé:
eso pude; eso valgo.

DULCE MARÍA LOYNAZ

Abuela mece la cuna
en mis noches de resaca,
yo insemino las cloacas
y voy de orgía a la luna;
fraguo mi buena fortuna
sobre una lonja de besos,
sueño luz en los excesos
que no llego a cometer…
¡Ah! ¡Quién pudiera tener
hocico y falo sin sesos!

II

Esa luz, el arrebato,
los comercios y las flores;
tan conocidos sabores
tus artificios baratos.
Al cielo me voy a ratos:
soy la nube que se inflama.
La nube soy, y la llama,
la quietud y el desafuero…
Si llueve seré aguacero
que inunde tu quieta cama.

III

Guisantes y caracoles
sobre la mesa, banquete
con cartas y cubiletes
y los mustios girasoles
de Van Gogh. Y los faroles
con sus tenues bombillitas...
¡A jugar! La noche invita
a ser otro ser. El vino
va mostrándome el camino:
algo en mi pecho se agita.

TIEMPO PERDIDO

I

Tiempo perdido:
el de la danza
del bisonte
y la caza
del mamut;
el de aquelarres
y areítos...
de culto a Amón y fiesta a Baco,
tiempo de Orígenes.
Nunca llegué
a la hora
de ser Ramsés,
ni César,
ni Luis XIV.
No me invitaron a las bodas
de Caná de Galilea.
Cronos mofándose desde el capitel
de una columna corintia,
mientras un tal Dalí
pretende desentrañar
la fría persistencia
de la memoria.

II

Era de cera,
favor de los que nunca
arderán.
Frágil hemera que nunca alcanza.
Cronos mofándose desde la cúpula
de la pirámide,
mientras un tal Van Gogh
cambia su oreja

por la perennifolia.

III

Nada,
nada cambia,
nada nuevo bajo el sol…
y aún queremos estar,
queremos cambiar el alma
por unos gramos de arena,
y retar al ananké,
y ser Giomar o Xiloom,
o algún nombre
del futuro…

IV

Las eras que me perdí;
las horas que no estaré…
frágil hemera que nunca alcanza…
Un solo día no alcanza
para inseminar la nube.

ANTES DE VERTE AVE Y VER QUE VUELES

I

Color ocre mi guarida
tomó con tu agur, entonces
fue Dios un Fidelio Ponce
jugando a pintar la vida;
busqué ansioso una salida,
reorienté mis directrices…
Ya intuyo nuevos matices,
a la inercia me reintegro:
el cosmos es blanco y negro
y yo voy con lentes grises.

II

Quiero sembrarte aquí, donde no vivo,
Donde corro y no duermo, porque faltas.

WALDO LEYVA

¿Cómo nombrar, cómo contar la historia
de esta loca ansiedad con que me aferro
a tus ojos? Existo porque yerro.
Y tú no existes más que en mi memoria.
¿Cómo he de calcular la sumatoria
de tus labios, tu voz, tus anaqueles?
¿A quién le ladrarán hoy mis lebreles?
De qué modo podré apuntar mis flechas
hacia otra dimensión, en otra fecha
antes de verte ave y ver que vueles.

III

A Mauricio Escuela

La tierra no ha girado todavía,
no es cierta ya la luz, ni cierto el vuelo,
no tañen ya campanas en mi duelo
ni lloran las beatas mi agonía.
La muerte no llegó cuando debía,
ni la vida. Jamás llegó la aurora.
Tan lejos de mi era y de mi hora
estoy. ¡Tan solo estoy! Voy penitente.
¿Hasta cuándo he de estar entre esta gente,
bajo este cielo hostil que me demora?

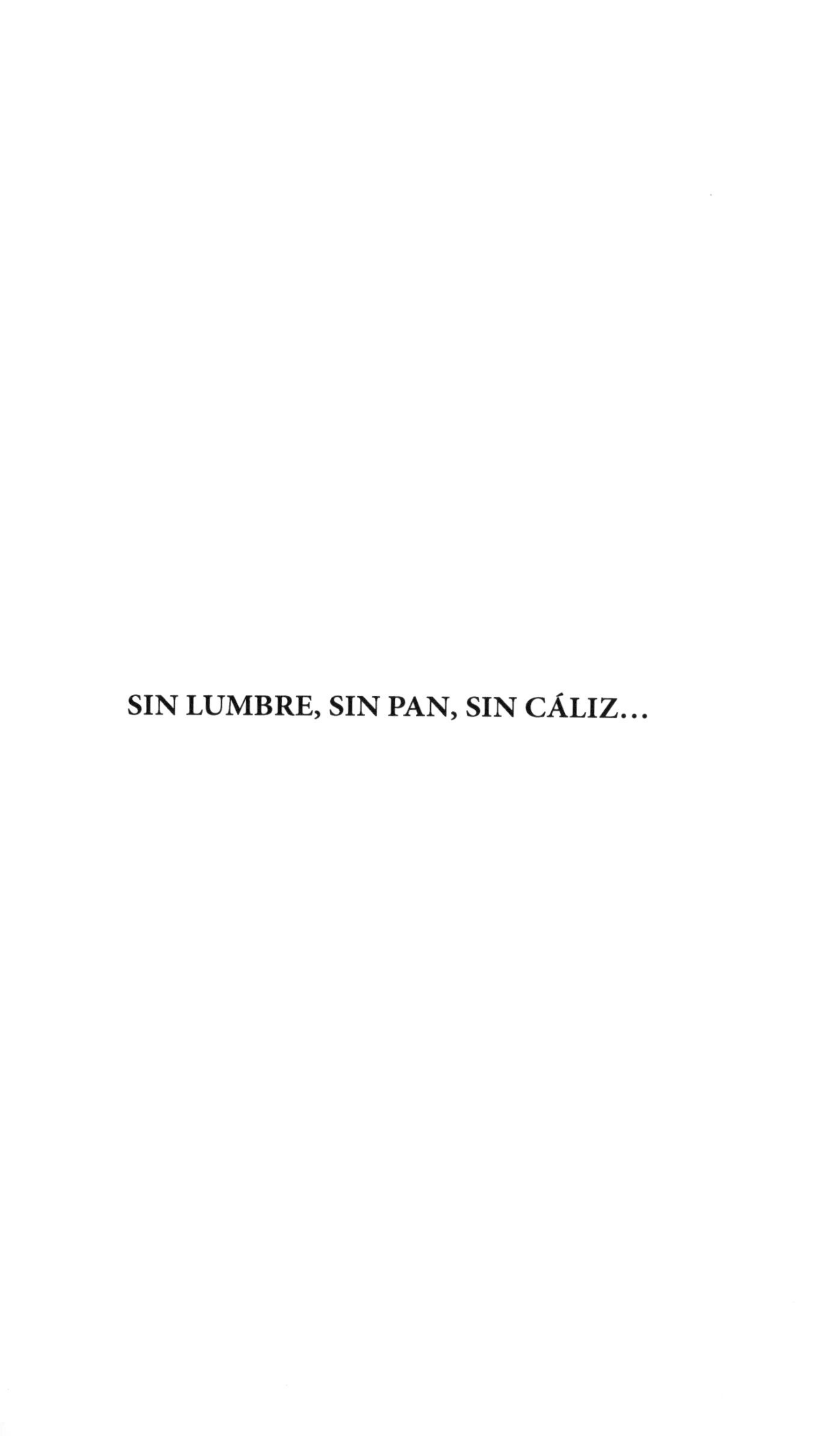

SIN LUMBRE, SIN PAN, SIN CÁLIZ…

I

Que no se nuble mi mano
ni se haga mi verso nube;
que no cuente del querube
su afición por lo profano.
No diré que el soberano,
el viejo rey con sombrero
es amante del herrero,
del bufón y el vagabundo.
No caerán hoy sobre el mundo
mis versos en aguacero.

II

Ciudad que no me engendró
– su vientre no fue mi ostra –
se resiste a amamantar
a este Rómulo de nácar.

Añeja ciudad, bermeja
fosa común, intestino
grueso de la incertidumbre,
sin lumbre, sin pan, sin cáliz…

Jerusalén
que apedreas
a apóstoles y profetas;

soy comején en tu teta
– izquierda –
santa Belén.

III

Cada
vecino es una púa
un ladrillo
un cactus…
Cada amistad es un poste.
Cada madre un gran trozo de malla…
La cerca.

IV

... y he aquí un caballo negro; y el que lo montaba
tenía una balanza en la mano.
Y oí una voz en medio de los cuatro
seres vivientes que decía:
Dos libras de trigo por un denario,
y seis libras de cebada por un denario...

LA BIBLIA. APOCALIPSIS 6: 5-6

Un viejo recoge latas
para cambiarlas por trigo,
etnia de higueras sin higos,
las gallinas son beatas.
Bajo el umbral, una rata:
sutil acecho del grano;
bajo la rata, un gusano:
sutil acecho del viejo...
pasta un percherón bermejo
en el vientre del anciano.

DEL VACÍO QUE TE QUIEBRA

I

Hay una luz apagada
en el cuarto de un hotel,
una vereda, un cartel
con letras desdibujadas;
una corona plateada,
un acordeón nauseabundo...
hay un joven moribundo
dentro de la habitación;
hay una coronación
en algún reino del mundo.

II

Un tren cayendo al vacío,
un maremoto se gesta,
algo en la ciudad apesta,
algo en tu mirada es frío.
La voz grave de un hastío
va quebrándote, te azota,
la noche clama su cuota
de sangre, la noche entera
sujetando tus caderas,
poseyéndote, la noche
alejándose en su coche,
llevándote prisionera.

III

Un lamento tremebundo
que en mi pecho se deshace:
yo soy el joven que yace
- el príncipe moribundo -
mientras un reino del mundo

tu coronación celebra;
soy la noche que terebra
tus caderas con su hoz,
soy el tranvía, la voz
del vacío que te quiebra.

LO HE VISTO, VIENEN POR MÍ

I

JUICIO FINAL

Cita oficial con *lady* Proserpina,
diagrama del laurel, anclas, mis dudas…
Colmillos de lebreles me desnudan,
tiñosas enjauladas me adivinan.

Voces de mis difuntos que se hacinan,
alergia de la flor, pactos de Judas;
corceles amarillos estornudan,
polvo al polvo, mi ego se amotina.

Airado cáliz, siete sellos rotos,
conjuro de langostas y escorpiones,
anclas, sin fe ni tiempo para votos;

sombrías huestes claman por mi sombra,
voces de mis difuntos, aluviones,
mares de azufre verde que me nombran.

II

Un insondable camino,
un herético poema,
un anciano que blasfema
las líneas de mi destino.
Hay un árbol, imagino
su frágil paz, ya le veo
en hombros del Cirineo
ser una cruz. En mi faz
él intuye frágil paz:
soy el joven nazareo.

III

Bajo la rosas tibias de la cama
los muertos gimen esperando turno.

FEDERICO GARCÍA LORCA

Esos ojos que me ven,
estos pasos que me siguen,
aquellas voces que gimen,
manos que aferran mi sien.
Bajo el árbol del Edén
hay tambor que retumba
en mis oídos: la rumba,
las danzas de Proserpina...
una cruz en la colina
marca el sitio de mi tumba.

Mas ellos no han visto nada,
nada escuchan, no sospechan
los ojos que nos acechan,
esas voces, la emboscada,
las calles ensangrentadas
de nuestra ciudad... Yo sí
lo he visto, vienen por mí,
ya llegan, toman mi mano:
la ciudad es un pantano
de ginebra carmesí.

CRÓNICAS DEL VISIONARIO

I

La mano de Jehová vino sobre mí,
y me llevó en el Espíritu de Jehová,
y me puso en medio de un valle
que estaba lleno de huesos.
Y me hizo pasar cerca de ellos
por todo en derredor...
Y me dijo: Hijo de hombre,
¿vivirán estos huesos?
Y dije: Señor Jehová, tú lo sabes.

LA BIBLIA. EZEQUIEL 37: 1 – 3

Un aura vuela dormida
planeando sobre mis sesos,
y un valle de inertes huesos
disputándome la vida.
Va Luzbel en la partida
con trío de As ¡vil suerte!
Yo vi mi armazón inerte
entre los huesos del valle,
y mi sesera en la calle,
y un aura… ¡que no despierte!

II

Vi músculos y tendones
a diez quilos en la feria,
vi parir a la materia
epitelios y condones.
Una lonja de pulmones,
una rifa de boletos,
una hueste de esqueletos
con corazones de mimbre

y en los cráneos urdimbre
de dólares y amuletos.

III

Las neuronas de Platón
subastadas en el agro,
los bíceps de Meleagro,
médula de Akhenaton,
eritrocitos, el clon
de Kierkegaard; Santa Ana
vendiendo patas de rana
para cruzar el Leteo;
Penélope y Odiseo
sin ojos en el nirvana.

IV

En la clínica de Foz,
en el hospital de Río...
juegan Luzbel y sus críos:
cirujanos de la hoz.
Ya le vendieron mi voz
a Al Jolson – el cantante
de jazz –, mis dientes a Gante,
a Michael Jackson mi piel;
yo sin luz en el vergel
y Homero leyendo a Dante.

Made in the USA
Middletown, DE
07 November 2021